Maîtrisez Votre E-Réputation :
Les Clés d'un Personal Branding Réussi à l'Ère Numérique

Ornella TCHUENTE

Copyright © 2024 Ornella TCHUENTE

Tous droits réservés.

ISBN : 9798322969310

DÉDICACE

À mes enfants, mes plus grandes sources d'inspiration, qui illuminent chaque jour ma vie de leur présence et me rappellent l'importance de laisser une empreinte positive dans ce monde en constante évolution.

AVANT-PROPOS

Chers lecteurs,

Il est indéniable que nous vivons à une époque où notre présence en ligne revêt une importance capitale. Que nous soyons des professionnels cherchant à développer notre carrière, des entrepreneurs souhaitant promouvoir leur entreprise, ou simplement des individus désireux de mieux contrôler leur image numérique, notre réputation en ligne joue un rôle essentiel dans notre succès.

C'est dans ce contexte que j'ai entrepris d'écrire ce livre, "Maîtrisez Votre E-Réputation : les clés d'un Personal Branding réussi à l'ère numérique". Mon objectif est simple : fournir aux lecteurs les connaissances, les outils et les stratégies nécessaires pour façonner leur présence en ligne de manière authentique et efficace.

Au fil des pages, vous découvrirez des conseils pratiques, des études de cas inspirantes et des exercices stimulants pour vous aider à comprendre et à maîtriser les rouages complexes de l'e-réputation et du personal branding. Que vous soyez novice en la matière ou que vous cherchiez à perfectionner votre stratégie existante, ce livre a été conçu pour répondre à vos besoins et vous guider vers le succès dans le monde connecté d'aujourd'hui.

Je suis convaincu que, grâce à ces précieuses ressources, vous serez en mesure de forger une image en ligne qui reflète fidèlement votre identité et vos valeurs, et de vous démarquer dans un environnement numérique saturé. Je vous invite à plonger dans ce voyage avec moi et à explorer les possibilités infinies qu'offre la maîtrise de votre e-réputation.

Je vous souhaite une lecture enrichissante et transformative.

Bien cordialement,

Ornella TCHUENTE

TABLE DES MATIÈRES

Remerciements	i
Introduction	1
Chapitre 1 : Comprendre le Personal Branding	6
Chapitre 2 : L'Empreinte Numérique	15
Chapitre 3 : Construire Votre Marque Personnelle	29
Chapitre 4 : Stratégies de Contenu	39
Chapitre 5 : Réseautage et Collaboration	50
Chapitre 6 : Gérer la Réputation en Ligne	59
Chapitre Bonus : Réflexions sur le personal branding	71
Annexes	85
A propos de l'auteur	93

REMERCIEMENTS

Je tiens tout d'abord à exprimer ma profonde gratitude envers mes proches, qui ont été mes premiers supporters et qui m'ont accordé leur confiance dès le début de cette aventure. Leurs encouragements et leur soutien indéfectible ont été la pierre angulaire de mon parcours entrepreneurial.

Un immense merci également à mes clients, pour leur confiance, leurs feedbacks précieux et les leçons enrichissantes que j'ai pu tirer de chacune de nos collaborations. Leurs défis m'ont inspiré, leurs réussites m'ont motivé, et leurs retours m'ont aidé à grandir professionnellement.

Enfin, je souhaite adresser toute ma gratitude à mes enfants, qui sont ma source de motivation et de détermination au quotidien. Ils me donnent une force que je ne soupçonnais pas, et leur présence est une source constante d'inspiration et de joie dans ma vie. À ma mère, les racines de l'arbre que je suis. Merci maman.

Dans ce monde de plus en plus digitalisé, j'espère sincèrement que ce manuel pourra compléter leurs connaissances et leur apporter des outils précieux pour mieux gérer leur image en ligne. Leur avenir me pousse à aller toujours plus loin et à poursuivre mes efforts pour façonner un monde meilleur pour eux et les générations futures.

INTRODUCTION

" Aujourd'hui, à l'ère de l'individu, vous devez être votre propre marque."
Tom Peters

Dans notre monde connecté, chaque interaction en ligne laisse une empreinte indélébile. Que vous recherchiez un emploi, un partenaire romantique ou simplement la reconnaissance de vos pairs, votre présence en ligne joue un rôle crucial dans la façon dont vous êtes perçu. C'est là qu'intervient le concept de personal branding.

Bienvenue dans **"Maîtrisez Votre E-Réputation : Les Clés d'un Personal Branding Réussi à l'Ère Numérique"**. Dans les pages qui suivent, nous allons explorer l'importance croissante du personal branding dans notre société contemporaine et comment vous pouvez utiliser les outils numériques à votre disposition pour façonner votre propre marque personnelle.

Que vous soyez un étudiant, un professionnel en quête de nouvelles opportunités, un entrepreneur ou simplement quelqu'un qui cherche à mieux contrôler son image en ligne, ce livre est conçu pour vous fournir les connaissances et les compétences nécessaires pour maîtriser votre personal branding dans le monde numérique.

Préparez-vous à entrer dans un processus de découverte et de développement personnel alors que nous explorons ensemble les stratégies, les astuces et les meilleures pratiques pour vous aider à sculpter une impression numérique qui vous représente fidèlement.

Le personal branding, ou la manière dont vous vous présentez au monde, n'est plus simplement un luxe réservé aux grandes entreprises ou aux personnalités publiques. Dans le monde moderne, où l'information est abondante et omniprésente grâce à Internet, le personal branding est devenu une nécessité pour quiconque souhaite réussir professionnellement et personnellement.

Lorsque vous entrez votre nom dans un moteur de recherche comme Google, vous ne recevez pas seulement une liste de résultats. Vous obtenez un aperçu de votre identité en ligne, une impression instantanée qui peut avoir un impact significatif sur la façon dont les autres vous perçoivent. Des photos sur les réseaux sociaux aux articles de presse en passant par les mentions sur les forums de discussion, chaque morceau d'information contribue à façonner votre réputation en ligne.

Dans ce monde où les premières impressions sont souvent numériques, il est essentiel de comprendre comment votre présence en ligne peut influencer les perceptions des autres à votre égard. C'est là que réside la véritable importance du personal branding dans le monde moderne.

En examinant de plus près l'impact des recherches Google sur la perception personnelle, nous réalisons que notre présence en ligne est bien plus qu'une simple série de résultats de recherche. C'est une vitrine de notre identité, une carte de visite virtuelle qui peut ouvrir des portes ou les refermer, en fonction de la manière dont elle est perçue.

Dans les pages qui suivent, nous découvrirons les stratégies et les techniques pour façonner une impression numérique qui vous représente authentiquement et positivement. Nous allons vous expliquer comment vous pouvez utiliser les outils numériques à votre disposition pour bâtir une marque personnelle solide et durable dans le monde connecté d'aujourd'hui.

"Votre marque personnelle, c'est tout simplement l'idée claire, forte et positive qui vient immédiatement à l'esprit des personnes qui vous connaissent quand elles pensent à vous."

Peter Montoya

CHAPITRE 1 : COMPRENDRE LE PERSONAL BRANDING

« Peu importe notre âge, peu importe notre poste, peu importe l'entreprise dans laquelle nous travaillons, nous devons tous comprendre l'importance de l'image de marque. Nous sommes le patron de notre propre société, la société « Moi ». Aujourd'hui dans les affaires, notre travail le plus important est de promouvoir la marque Moi. »

Tom Peters

- **Définition et histoire du personal branding :**

L'histoire du personal branding remonte bien avant l'ère numérique. Aux États-Unis, dans les années 1930, Napoléon Hill a popularisé le concept de "branding personnel" dans son livre

"Think and Grow Rich". Hill soulignait l'importance de cultiver une réputation solide et de se présenter de manière cohérente pour atteindre le succès professionnel.

Le personal branding, ou marque personnelle, est un concept qui a pris son essor à la fin du XXe siècle, notamment avec l'article de Tom Peters en 1997 aux États-Unis. À l'origine, il s'agissait de la manière dont un individu pouvait promouvoir ses qualités et se distinguer dans un contexte économique où les marques et les produits sont prédominants. Cette approche s'est développée au fil du temps pour devenir une stratégie essentielle pour les professionnels qui cherchent à se positionner de manière avantageuse sur le marché du travail.

Tom Peters, l'un des premiers à populariser ce concept, a souligné l'importance cruciale de l'image de marque personnelle, déclarant : « Peu importe notre âge, peu importe notre poste, peu importe l'entreprise dans laquelle nous travaillons, nous devons tous comprendre l'importance de l'image de marque. Nous sommes le patron de notre propre société, la société "Moi". Aujourd'hui dans les affaires, notre travail le plus important est de promouvoir la marque Moi. ».

À mesure que les plateformes numériques se développaient, chacun devenait capable de créer et de diffuser du contenu en ligne, façonnant ainsi sa propre marque personnelle. Des blogueurs aux influenceurs en passant par les entrepreneurs, le personal branding est devenu un outil essentiel pour se démarquer dans un monde saturé d'informations.

Aujourd'hui, le personal branding est bien plus qu'une simple stratégie de marketing. C'est un mode de vie, une façon de penser et d'agir qui permet de créer des opportunités, d'établir des relations et de réaliser ses objectifs personnels et professionnels. Dans les sections suivantes, nous plongerons plus en profondeur dans les composantes essentielles du personal branding et dans les stratégies pour le maîtriser dans le monde connecté d'aujourd'hui.

- **Personal branding vs. branding d'entreprise :**

Le personal branding se distingue du branding d'entreprise par son objet et sa portée. Alors que le branding d'entreprise concerne la manière dont une entreprise se présente et communique ses valeurs, sa culture et ses produits ou services au public, le personal branding est centré sur la manière dont un individu se présente et communique ses propres valeurs, compétences et expériences. Alors que le branding d'entreprise vise à renforcer la notoriété et la perception de l'entreprise, le personal branding vise à renforcer la notoriété et la perception de l'individu en tant que professionnel dans son domaine.

Le branding d'entreprise est une pratique largement utilisée par les entreprises pour façonner leur identité et leur réputation sur le marché. Il englobe divers éléments tels que le logo, les couleurs, la typographie, le langage visuel et les messages de marque. L'objectif principal du branding d'entreprise est de créer une image positive et mémorable de l'entreprise dans l'esprit des consommateurs, afin de stimuler la reconnaissance de la marque, la fidélité des clients et, ultimement, les ventes.

D'autre part, le personal branding met l'accent sur la construction et la promotion de la marque personnelle d'un individu. Cela implique de mettre en valeur ses compétences, ses qualités, ses valeurs et son expertise professionnelle afin de se démarquer dans son domaine d'activité. Contrairement au branding d'entreprise, qui est axé sur une entité organisationnelle, le personal branding est axé sur la personne elle-même en tant que marque. Il s'agit de développer une réputation forte et positive en tant que professionnel, ce qui peut conduire à des opportunités de carrière, à une meilleure visibilité et à une plus grande influence dans le domaine.

Branding d'entreprise = **construction et la promotion de l'image d'une entreprise**.
Personal branding = construction et la promotion de l'image d'un individu dans le contexte professionnel.

Bien que les deux approches partagent des principes de base similaires, telles que la cohérence et l'authenticité, leurs objectifs et leurs audiences peuvent différer.

Bonus : 10 questions pour vous accompagner la réalisation des exercices de ce chapitre :

1. Quels sont les aspects de ma personnalité qui me démarquent des autres professionnels ?

2. Comment puis-je définir ma vision et mes objectifs professionnels ?

3. Quelles expériences ou réalisations suis-je le plus fier dans ma carrière jusqu'à présent ?

4. Quelles valeurs sont importantes pour moi dans ma vie professionnelle ?

5. Comment puis-je articuler ma proposition de valeur de manière claire et convaincante ?

6. Qui sont mes modèles ou mentors dans mon domaine, et qu'est-ce que je peux apprendre d'eux pour renforcer ma marque personnelle ?

7. Quelles sont les compétences que je souhaite développer ou améliorer pour atteindre mes objectifs professionnels ?

8. Comment puis-je utiliser mon histoire personnelle ou mon parcours professionnel pour renforcer ma marque personnelle ?

9. Quels sont les domaines dans lesquels je suis le plus passionné et compétent, et comment puis-je les mettre en valeur dans ma marque personnelle ?

10. Quels sont les aspects de ma personnalité ou de mon style de travail que je veux mettre en avant dans ma marque personnelle ?

"Une marque est une voix, un produit est un souvenir."

Lisa Gansky

CHAPITRE 2 : L'EMPREINTE NUMÉRIQUE

" Google ne pardonne pas. Obtenez de la visibilité en ligne, ou mourrez."
Eric Schmidt

Dans un monde où la connectivité numérique est omniprésente, notre présence en ligne joue un rôle de plus en plus crucial dans la manière dont nous sommes perçus par les autres. Ce chapitre se penche sur l'importance de l'empreinte numérique dans le contexte du personal branding, explorant à la fois son impact sur notre image professionnelle et les stratégies pour la gérer efficacement.

- **Analyse de l'empreinte numérique et son impact sur le personal branding**

L'empreinte numérique représente l'ensemble

des traces laissées par une personne sur Internet, que ce soit à travers des publications sur les réseaux sociaux, des articles de presse, des commentaires en ligne ou encore des mentions dans des forums de discussion. Chaque action en ligne contribue à façonner cette empreinte, qui peut avoir un impact significatif sur votre réputation professionnelle et personnelle.

Examinons les différents éléments qui composent votre empreinte numérique :

→ **Présence sur les réseaux sociaux :** Vos profils sur les réseaux sociaux tels que LinkedIn, X (Twitter), Facebook, Instagram et autres jouent un rôle crucial dans la façon dont vous êtes perçu en ligne.

LinkedIn : En tant que réseau social professionnel par excellence, LinkedIn offre une opportunité unique de présenter votre expérience, vos compétences et vos réalisations professionnelles de manière détaillée.

- Assurez-vous que votre profil est complet et professionnel, en mettant en valeur vos compétences, expériences et réalisations pertinentes. Rejoignez des groupes liés à votre secteur d'activité et participez aux discussions pour accroître votre visibilité.

X (Twitter) : Avec ses messages courts et son rythme rapide, Twitter peut être un excellent moyen de partager des idées, d'interagir avec d'autres professionnels et de vous positionner en tant qu'expert dans votre domaine.

- Utilisez des hashtags pertinents pour augmenter la portée de vos tweets et interagissez régulièrement avec d'autres utilisateurs en retweetant et en répondant à leurs messages. Partagez du contenu intéressant et engageant pour susciter l'intérêt de votre audience.

Facebook et Instagram : Bien que souvent considérés comme des plateformes plus informelles, Facebook et Instagram offrent également des possibilités de renforcer votre personal branding.

- Créez des pages professionnelles distinctes sur ces plateformes et publiez régulièrement du contenu qui reflète votre marque personnelle. Utilisez des images de haute qualité et des légendes percutantes pour attirer l'attention de votre audience.

➔ **Contenu en ligne :** Les articles que vous publiez, les vidéos auxquelles vous participez, les commentaires que vous laissez sur les blogs et les forums - tout cela contribue à votre empreinte numérique.

- Création de contenu : Identifiez les sujets qui intéressent votre public cible et créez du contenu original et informatif autour de ces thèmes. Variez les formats en publiant des articles, des vidéos, des infographies, etc., pour maintenir l'intérêt de votre audience.

- Participation aux discussions en ligne : Recherchez des forums, groupes LinkedIn et autres espaces de discussion où vous pouvez partager vos connaissances et interagir avec d'autres professionnels de votre domaine. Soyez respectueux, constructif et évitez les polémiques. Participer à des conversations pertinentes dans votre domaine d'activité est un excellent moyen de démontrer votre expertise et d'accroître votre visibilité en ligne.

➔ **Références et mentions :** Les mentions de votre nom dans des articles de presse, des blogs, des forums de discussion ou même des commentaires sur les réseaux sociaux peuvent avoir un impact sur votre réputation en ligne.

Pour surveiller et gérer les mentions de votre nom en ligne, suivez ces conseils :

- Surveillance des mentions : Utilisez des outils gratuits tels que Google Alerts et Mention pour suivre les mentions de votre nom sur le web. Configurez des alertes pour être informé dès qu'une nouvelle mention apparaît.

- Gestion des mentions : Soyez proactif dans votre gestion des mentions en ligne en répondant rapidement aux commentaires et en les remerciant pour les retours positifs. Pour les mentions négatives, adoptez une approche calme et professionnelle, en offrant des solutions ou des clarifications si nécessaire.

- **Stratégies pour gérer et améliorer votre présence en ligne**

Maintenant que nous avons exploré l'importance de l'empreinte numérique et son impact sur votre personal branding, il est temps de passer à l'action. Dans cette deuxième partie, nous vous présenterons des stratégies pratiques pour gérer et améliorer votre présence en ligne afin de renforcer votre image professionnelle et personnelle.

➔ **Audit de votre empreinte numérique** : Avant de pouvoir améliorer votre présence en ligne, vous devez d'abord comprendre où vous en êtes actuellement. Commencez par effectuer un audit de votre empreinte numérique en recherchant votre nom sur les moteurs de recherche et en examinant les résultats. Identifiez les points forts, tels que les profils professionnels bien remplis et les mentions positives, ainsi que les points faibles, tels que les informations obsolètes ou les mentions négatives. Cet audit vous fournira un aperçu clair de votre présence en ligne et vous aidera à identifier les domaines à améliorer.

➔ **Optimisation des profils sur les réseaux sociaux** : Vos profils sur les réseaux sociaux sont souvent les premiers résultats que les gens voient lorsqu'ils cherchent votre nom en ligne. Assurez-vous que ces profils sont complets, professionnels et reflètent fidèlement votre image. Mettez à jour vos informations professionnelles, ajoutez une photo de profil professionnelle et assurez-vous que vos paramètres de confidentialité sont configurés de manière appropriée. Utilisez des mots-clés pertinents dans vos descriptions pour optimiser la visibilité de vos profils dans les résultats de recherche.

➔ **Création et gestion de contenu de qualité** : Le contenu que vous publiez en ligne peut grandement influencer la perception que les autres ont de vous. Pour renforcer votre image professionnelle et personnelle, concentrez-vous sur la création de contenu de qualité qui démontre votre expertise et votre passion pour votre domaine d'activité. Partagez des articles pertinents, des études de cas, des vidéos informatives et d'autres contenus qui ajoutent de la valeur à votre audience. Soyez cohérent dans votre publication et interagissez régulièrement avec votre audience pour maintenir un engagement élevé.

→ **Surveillance et gestion de la réputation en ligne :** Il est essentiel de surveiller régulièrement ce qui se dit sur vous en ligne et de répondre de manière appropriée aux commentaires et aux mentions. Utilisez des outils de surveillance en ligne tels que Google Alerts, Mention ou Brandwatch pour suivre les mentions de votre nom sur le web. Lorsque vous identifiez des mentions positives, remerciez les personnes concernées et partagez-les si elles sont pertinentes. Pour les mentions négatives, prenez le temps de comprendre les préoccupations de la personne et répondez de manière professionnelle et constructive. En gérant activement votre réputation en ligne, vous pouvez influencer positivement la façon dont les autres vous perçoivent et protéger votre image professionnelle et personnelle.

Bonus : 10 questions pour vous accompagner la réalisation des exercices de ce chapitre :

1. Quels résultats apparaissent lorsque je recherche mon nom sur Google, et sont-ils alignés avec mon image professionnelle souhaitée ?

2. Quels sont les réseaux sociaux où je suis le plus actif, et comment puis-je optimiser mon profil pour refléter ma marque personnelle ?

3. Quels contenus ou publications en ligne me représentent le mieux en tant que professionnel, et comment puis-je les mettre en avant ?

4. Quels sont les éléments de mon empreinte numérique qui pourraient être perçus négativement par les employeurs ou les clients potentiels ?

5. Quelles actions puis-je prendre pour supprimer ou atténuer les informations négatives sur ma présence en ligne ?

6. Comment puis-je utiliser les médias sociaux pour établir des relations professionnelles et renforcer ma marque personnelle ?

7. Quels sont les outils ou les services en ligne que je pourrais utiliser pour surveiller mon

empreinte numérique ?

8. Quelles sont les mesures que je peux prendre pour protéger ma vie privée en ligne tout en maintenant une présence professionnelle visible ?

9. Comment puis-je utiliser mon site web ou mon blog pour renforcer ma crédibilité professionnelle et partager mes connaissances avec mon public cible ?

10. Quelles sont les prochaines étapes que je vais prendre pour améliorer et optimiser ma présence en ligne après avoir analysé mon empreinte numérique ?

Aujourd'hui, si vous n'êtes pas sur Google, vous n'existez pas. Construire votre marque personnelle sur le World Wide Web n'est pas seulement précieux, c'est essentiel pour votre carrière."

William Arruda

CHAPITRE 3 : CONSTRUIRE VOTRE MARQUE PERSONNELLE

"Si vous ne dites pas à votre public comment parler de votre marque, il définira lui-même une manière de parler de vous."

David Brier

L'une des étapes incontournables dans la construction d'une marque personnelle solide est de définir qui vous êtes et ce que vous représentez. Dans ce chapitre, nous explorerons les deux aspects essentiels de cette démarche : l'identification de votre niche et de votre public cible, ainsi que le développement de votre message unique et authentique.

Votre marque personnelle est comme une empreinte digitale - elle est unique à vous et représente ce que vous apportez au monde. En identifiant votre niche et votre public cible, vous pouvez mieux comprendre où vous vous situez dans votre domaine d'expertise et comment vous pouvez vous connecter avec ceux qui ont besoin de ce que vous avez à offrir.

Une fois que vous avez clarifié votre positionnement, vous pouvez ensuite travailler sur le développement d'un message qui vous distingue et qui résonne avec votre public. Votre message est la pierre angulaire de votre marque personnelle, et il doit être à la fois authentique et convaincant pour captiver l'attention de votre audience.

En combinant une compréhension approfondie de votre niche et de votre public cible avec un message unique et authentique, vous serez bien équipé pour construire une marque personnelle qui vous représente véritablement et qui attire ceux qui ont besoin de vos talents et de votre expertise.

- **Identification de votre niche et de votre public cible**

La construction d'une marque personnelle forte commence par une compréhension claire de votre niche et de votre public cible. Voici comment procéder :

→ **Analysez vos compétences et vos intérêts :** Identifiez vos compétences clés, vos passions et vos intérêts. Quels sont les domaines dans lesquels vous excellez ? Quelles sont les activités qui vous passionnent ? Cette introspection vous aidera à déterminer votre domaine d'expertise et à trouver votre place dans votre industrie ou votre domaine d'activité.

→ **Déterminez votre positionnement unique :** Une fois que vous avez identifié vos compétences et vos intérêts, réfléchissez à ce qui vous distingue des autres professionnels dans votre domaine. Quels sont vos points forts uniques ? Quelle est votre proposition de valeur ? En déterminant ce qui vous rend spécial, vous pourrez mieux vous positionner sur le marché et attirer l'attention de votre public cible.

→ **Étudiez votre public cible :** Pour construire une marque personnelle efficace, vous devez comprendre les besoins, les préoccupations et les intérêts de votre public cible. Effectuez des recherches pour identifier qui sont vos clients potentiels ou votre audience cible. Quels sont leurs défis ? Leurs objectifs ? Leurs centres d'intérêt ? Cette compréhension vous permettra de créer du contenu et des messages qui résonnent avec votre public et qui répondent à leurs besoins.

➔ **Affinez votre niche :** Une fois que vous avez identifié votre public cible, cherchez des opportunités pour affiner votre niche et vous positionner comme un expert dans un domaine spécifique. Concentrez-vous sur un segment de marché ou un sujet particulier où vous pouvez apporter une valeur unique. En vous spécialisant, vous augmenterez vos chances d'être remarqué et reconnu comme une autorité dans votre domaine.

En identifiant votre niche et votre public cible, vous jetterez les bases d'une marque personnelle solide et cohérente. Cela vous permettra de créer du contenu pertinent, de développer votre réseau et d'atteindre vos objectifs avec plus de facilité.

- **Développement de votre message unique et authentique**

Votre message est le cœur de votre marque personnelle. Il communique qui vous êtes, ce que vous faites et ce que vous représentez. Voici comment développer un message unique et authentique :

➔ **Identifiez vos valeurs fondamentales :** Réfléchissez à ce qui est vraiment important pour vous dans la vie et dans votre travail. Quelles sont vos valeurs fondamentales ? Quels principes guident vos actions et vos décisions ? Vos valeurs constituent le fondement de votre message et vous aident à rester authentique dans tout ce que vous faites.

➔ **Définissez votre proposition de valeur** : Qu'est-ce qui vous distingue des autres professionnels dans votre domaine ? Quels sont vos atouts uniques et vos compétences particulières ? Identifiez ce que vous avez à offrir à votre public cible et comment cela répond à leurs besoins ou résout leurs problèmes. Votre proposition de valeur doit être claire, concise et convaincante.

→ **Trouvez votre voix :** Votre voix est la manière dont vous communiquez votre message au monde. Elle doit être authentique, cohérente et refléter votre personnalité. Réfléchissez à votre style de communication, à votre ton et à votre langage. Comment voulez-vous être perçu par votre public ? Trouvez votre voix unique et utilisez-la pour partager votre message de manière convaincante.

→ **Soyez cohérent :** La clé d'une marque personnelle forte est la cohérence. Assurez-vous que votre message est aligné avec votre identité et vos actions. Que ce soit sur vos profils de réseaux sociaux, dans vos articles de blog ou lors de vos présentations, veillez à ce que votre message reste constant et fidèle à qui vous êtes.

→ **Soyez authentique :** La sincérité est essentielle pour établir une connexion réelle avec votre public. Soyez honnête, transparent et vulnérable dans votre communication. Montrez votre véritable personnalité et partagez vos expériences de manière authentique. C'est ce qui vous rendra unique et mémorable aux yeux de votre audience.

En développant un message unique et authentique, vous vous démarquerez de la concurrence et renforcerez votre présence en ligne.

Bonus : 10 questions pour vous accompagner la réalisation des exercices de ce chapitre :

1. Quelles sont mes passions et mes intérêts professionnels, et comment puis-je les intégrer dans ma marque personnelle ?

2. Qui est mon public cible idéal, et quels besoins ou problèmes puis-je résoudre pour eux ?

3. Quels sont les mots-clés ou les valeurs que je veux associer à ma marque personnelle, et comment puis-je les intégrer dans mon message ?

4. Comment puis-je utiliser mes compétences et mes réalisations passées pour renforcer ma crédibilité et ma légitimité dans mon domaine ?

5. Quelles plateformes ou canaux de communication sont les plus pertinents pour atteindre mon public cible, et comment puis-je les utiliser efficacement ?

6. Quels sont les éléments visuels (couleurs, logos, images) qui reflètent le mieux ma marque personnelle, et comment puis-je les incorporer dans mon matériel de marketing ?

7. Quels sont les traits de personnalité ou les

caractéristiques uniques que je veux mettre en avant dans ma marque personnelle, et comment puis-je les communiquer de manière authentique ?

8. Quels sont les exemples de marques personnelles qui m'inspirent, et qu'est-ce que je peux apprendre de leur approche pour renforcer la mienne ?

9. Quels sont les aspects de ma vie personnelle ou de mon histoire qui pourraient enrichir ma marque personnelle, et comment puis-je les intégrer de manière appropriée ?

10. Quels sont les ajustements ou les améliorations que je peux apporter à ma marque personnelle après avoir réfléchi à ces questions ?

" Le branding d'une entreprise c'est comme la réputation d'un individu. Vous vous faites une réputation en essayant de bien faire les choses les plus difficiles à accomplir."

Jeff Bezos

CHAPITRE 4 : STRATÉGIES DE CONTENU

"Une marque personnelle forte repose sur une compréhension claire de qui vous êtes, de ce que vous représentez et de la valeur que vous apportez."
William Arruda

Dans ce chapitre, nous parlerons de l'importance du contenu dans la construction et le renforcement de votre marque personnelle. Nous aborderons deux aspects fondamentaux : la création de contenu qui reflète fidèlement votre identité de marque et l'utilisation stratégique des médias sociaux pour amplifier votre voix.

Le contenu que vous créez et partagez en ligne joue un rôle essentiel dans la façon dont vous êtes perçu par votre public. Il est le reflet de votre expertise, de votre passion et de votre personnalité, et il contribue à façonner votre réputation en ligne. Dans cette première partie, nous explorerons les différentes formes de contenu que vous pouvez produire, des articles de blog aux vidéos, en passant par les podcasts et les infographies, et comment vous pouvez les utiliser pour communiquer efficacement votre message et vos valeurs.

Ensuite, nous nous concentrerons sur l'utilisation stratégique des médias sociaux pour diffuser votre contenu et amplifier votre voix. Les médias sociaux offrent une plateforme puissante pour établir votre présence en ligne, élargir votre portée et interagir avec votre audience. Nous discuterons des meilleures pratiques pour maximiser votre impact sur les différentes plateformes sociales, en tenant compte de votre public cible et de vos objectifs de marque personnelle.

En combinant une création de contenu réfléchie et une utilisation stratégique des médias sociaux, vous serez en mesure de renforcer votre marque personnelle, d'attirer votre public cible et de vous démarquer dans un monde numérique saturé d'informations.

- **Création de contenu qui reflète votre marque personnelle**

La création de contenu est au cœur de toute stratégie de personal branding efficace. C'est à travers le contenu que vous partagez que vous pouvez exprimer votre expertise, votre passion et votre personnalité, et ainsi façonner votre identité de marque en ligne. Dans cette section, nous explorerons en détail les différentes façons de créer du contenu qui reflète fidèlement votre marque personnelle.

→ **Trouver votre voix :** La première étape pour créer un contenu authentique et cohérent est de trouver votre voix. Réfléchissez à ce qui vous rend unique en tant qu'individu et professionnel. Quelles sont vos valeurs, vos passions, vos points forts ? Votre voix doit être authentique et refléter votre personnalité, tout en étant en accord avec les valeurs et les objectifs de votre marque personnelle.

→ **Identifier vos sujets clés :** Une fois que vous avez identifié votre voix, il est temps de déterminer les sujets sur lesquels vous allez créer du contenu. Quels sont les sujets qui vous passionnent et dans lesquels vous avez une expertise ? Quels sont les besoins et les intérêts de votre public cible ? En identifiant vos sujets clés, vous pouvez créer un contenu pertinent et précieux pour votre audience.

➔ **Choisir les formats adaptés :** Il existe de nombreuses formes de contenu parmi lesquelles vous pouvez choisir, des articles de blog aux vidéos, en passant par les podcasts, les infographies et les webinaires. Choisissez les formats qui correspondent le mieux à vos compétences, à vos ressources et à vos objectifs. Varier les formats peut également vous permettre d'atteindre différents segments de votre public de manière efficace.

➔ **Créer un calendrier éditorial :** Pour maintenir une présence régulière en ligne et garder votre audience engagée, il est important de planifier votre contenu à l'avance. Créez un calendrier éditorial qui détaille les sujets, les formats et les dates de publication pour chaque pièce de contenu que vous prévoyez de créer. Cela vous aidera à rester organisé et cohérent dans votre stratégie de contenu.

Le contenu authentique et de qualité est la clé pour établir et renforcer votre présence en ligne et pour vous démarquer dans un monde numérique saturé d'informations.

- **Utilisation des médias sociaux pour amplifier votre voix**

Les médias sociaux sont un outil puissant pour diffuser votre message et renforcer votre présence en ligne. Nous allons à présent explorer comment utiliser efficacement les médias sociaux pour amplifier votre voix et augmenter l'impact de votre contenu.

> → **Choix des plateformes adaptées :** La première étape pour utiliser efficacement les médias sociaux est de choisir les plateformes qui correspondent le mieux à votre marque personnelle et à votre public cible. LinkedIn est idéal pour les professionnels et les réseaux d'affaires, tandis que Instagram est plus axé sur le

visuel et convient aux industries créatives. Facebook et X (Twitter) peuvent être utilisés pour une portée plus large, tandis que des plateformes comme TikTok peuvent être explorées pour toucher un public plus jeune.

→ **Création de contenu spécifique aux plateformes :** Chaque plateforme de médias sociaux a ses propres caractéristiques et meilleures pratiques en matière de contenu. Adaptez votre contenu en fonction de la plateforme sur laquelle vous le partagez. Par exemple, sur Instagram, privilégiez les images et les vidéos esthétiques, tandis que sur LinkedIn, concentrez-vous sur le contenu professionnel et informatif.

→ **Engagement avec votre audience :** Les médias sociaux ne se limitent pas à la diffusion de contenu ; ils offrent également une opportunité d'engager votre audience et de construire des relations avec vos followers. Répondez aux commentaires, posez des questions, participez à des conversations pertinentes et montrez votre personnalité. L'engagement actif avec votre audience renforcera votre connexion avec eux et augmentera la portée de votre contenu.

➔ **Utilisation de la publicité ciblée :** Les plateformes de médias sociaux offrent des options de publicité ciblée qui peuvent vous aider à atteindre un public spécifique en fonction de critères démographiques, d'intérêts et de comportements en ligne. Explorez les options de publicité payante pour augmenter la visibilité de votre contenu et atteindre de nouveaux followers.

➔ **Analyse des performances :** Enfin, il est important de suivre et d'analyser les performances de votre contenu sur les médias sociaux. Utilisez les outils d'analyse intégrés aux plateformes pour suivre les métriques telles que l'engagement, la portée et les conversions. En comprenant ce qui fonctionne et ce qui ne fonctionne pas, vous pourrez ajuster votre stratégie et maximiser l'impact de votre présence sur les médias sociaux.

Vous serez bientôt en mesure d'amplifier votre voix, de renforcer votre présence en ligne et de créer des relations significatives avec votre audience !

Bonus : 10 questions pour vous accompagner la réalisation des exercices de ce chapitre :

1. Quels types de contenu mes clients ou mon public cible trouvent-ils le plus utiles ou engageants ?

2. Quels sont les sujets ou les problèmes auxquels mon public cible est le plus confronté, et comment puis-je les aborder dans mon contenu ?

3. Quels sont les formats de contenu (articles de blog, vidéos, infographies, podcasts, etc.) qui correspondent le mieux à ma marque personnelle et à mes compétences ?

4. Quels sont les canaux de distribution de contenu (site web, réseaux sociaux, newsletters, etc.) qui me permettront d'atteindre le plus efficacement mon public cible ?

5. Comment puis-je planifier et organiser mon calendrier éditorial pour garantir une publication régulière et cohérente de contenu ?

6. Quels sont les outils ou les ressources disponibles pour faciliter la création et la publication de contenu de haute qualité ?

7. Comment puis-je mesurer l'efficacité de mon

contenu et ajuster ma stratégie en fonction des réactions et des retours de mon public ?

8. Quels sont les éléments clés d'un contenu efficace qui attire l'attention, suscite l'intérêt et incite à l'action ?

9. Quels sont les thèmes ou les messages récurrents que je veux transmettre à travers mon contenu, et comment puis-je les intégrer de manière cohérente ?

10. Quelles sont les opportunités de collaboration ou de partenariat que je pourrais explorer pour enrichir mon contenu et élargir mon audience ?

"Une réputation ça ne se nettoie pas, ça se construit."
Nicolas Vanbremeersch

CHAPITRE 5 : RÉSEAUTAGE ET COLLABORATION

" Sur internet, personne ne sait que tu es un chien."
Peter Steiner

Dans ce chapitre, nous parlerons de l'importance du réseautage et de la collaboration dans le développement de votre marque personnelle. Le réseautage efficace et la collaboration avec d'autres professionnels peuvent jouer un rôle crucial dans l'expansion de votre réseau, l'augmentation de votre visibilité et l'atteinte de vos objectifs personnels et professionnels. Nous aborderons les techniques de réseautage qui renforcent votre personal branding et les stratégies de collaboration pour étendre votre portée et maximiser votre impact dans votre domaine d'activité.

- **Techniques de réseautage efficaces pour le personal branding**

Le réseautage est bien plus qu'un simple échange de cartes de visite lors d'événements professionnels. C'est un art qui nécessite à la fois stratégie et authenticité pour être efficace. Dans cette section, nous explorerons différentes techniques de réseautage qui peuvent renforcer votre personal branding :

➜ **Définissez vos objectifs :** Avant de vous lancer dans le réseautage, déterminez clairement ce que vous souhaitez accomplir. Que ce soit élargir votre réseau professionnel, trouver de nouvelles opportunités ou partager vos connaissances, avoir des objectifs précis vous aidera à orienter vos efforts de manière plus efficace.

➜ **Soyez authentique :** La clé d'un réseautage réussi est d'être authentique et authentique. Ne vous contentez pas de faire des connexions pour obtenir quelque chose en retour, mais cherchez à établir des relations significatives basées sur la confiance et le respect mutuel.

➔ **Soyez à l'écoute :** Écoutez activement les autres et montrez un réel intérêt pour ce qu'ils ont à dire. Posez des questions pertinentes, soyez curieux et engagez-vous dans des conversations significatives. Le réseautage ne consiste pas seulement à parler de vous-même, mais aussi à apprendre des autres et à établir des liens authentiques.

➔ **Cultivez vos relations :** Le réseautage ne s'arrête pas une fois que vous avez échangé des cartes de visite. Cultivez vos relations en restant en contact avec vos contacts, en leur envoyant des articles pertinents, en les invitant à des événements et en leur offrant votre aide lorsque vous le pouvez. Les relations professionnelles solides sont basées sur la confiance et la réciprocité.

➔ **Utilisez les outils numériques :** Les médias sociaux et les plateformes en ligne peuvent être d'excellents outils pour étendre votre réseau. Utilisez LinkedIn, Twitter et d'autres plateformes pour vous connecter avec des professionnels de votre secteur, partager du contenu pertinent et participer à des discussions.

- **Collaboration avec d'autres professionnels pour étendre votre portée**

Collaborer avec d'autres professionnels peut être une stratégie puissante pour étendre votre portée et amplifier votre voix dans votre domaine d'activité. Dans cette section, nous explorerons les avantages de la collaboration et comment vous pouvez tirer parti de ces opportunités pour renforcer votre personal branding :

→ **Partage des connaissances et des ressources :** La collaboration avec d'autres professionnels vous permet de partager vos connaissances, vos compétences et vos ressources pour atteindre des objectifs communs. Que ce soit en co-créant du contenu, en organisant des événements ou en menant des projets ensemble, la collaboration peut vous aider à étendre votre portée et à toucher de nouveaux publics.

➜ **Création de partenariats stratégiques :** Établir des partenariats stratégiques avec d'autres professionnels peut vous aider à accéder à de nouvelles opportunités et à renforcer votre crédibilité. Recherchez des partenaires dont les valeurs et les objectifs sont alignés sur les vôtres, et explorez des collaborations qui vous permettent de compléter vos forces et de compenser vos faiblesses.

➜ **Amplification de votre voix :** Travailler avec d'autres professionnels peut vous aider à amplifier votre voix et à accroître votre visibilité dans votre domaine d'activité. En associant votre marque à des personnes influentes et respectées, vous pouvez renforcer votre crédibilité et gagner en autorité dans votre secteur.

➜ **Expansion de votre réseau :** La collaboration avec d'autres professionnels vous donne également accès à leur réseau, ce qui peut vous aider à élargir votre propre réseau professionnel. En travaillant avec des personnes qui ont des publics similaires ou complémentaires, vous pouvez toucher de nouveaux contacts et établir des relations précieuses qui bénéficient à toutes les parties impliquées.

En recherchant activement des opportunités de collaboration et en travaillant avec des partenaires alignés sur vos objectifs, vous pouvez créer des synergies qui bénéficient à votre marque personnelle et à votre développement professionnel. La collaboration avec d'autres professionnels peut être une stratégie puissante pour étendre votre portée, renforcer votre crédibilité et amplifier votre voix dans votre domaine d'activité.

Bonus : 10 questions pour vous accompagner la réalisation des exercices de ce chapitre :

1. Quels sont mes objectifs principaux en matière de réseautage professionnel, et comment puis-je les définir de manière claire et précise ?

2. Quels sont les événements ou les plateformes de réseautage qui correspondent le mieux à mes intérêts professionnels et à mes objectifs de carrière ?

3. Comment puis-je me présenter de manière efficace et mémorable lors de rencontres de réseautage, en mettant en valeur ma marque personnelle ?

4. Quels sont les stratégies ou les tactiques que je peux utiliser pour établir des relations authentiques et durables avec les personnes que je rencontre lors de réseautage ?

5. Quels sont les avantages de participer à des groupes ou des associations professionnelles, et comment puis-je en tirer le meilleur parti pour renforcer ma marque personnelle ?

6. Quels sont les moyens de suivre et de maintenir le contact avec les personnes que j'ai rencontrées lors d'événements de réseautage, et

comment puis-je les intégrer dans ma stratégie de suivi ?

7. Comment puis-je rechercher et identifier des opportunités de collaboration ou de partenariat qui correspondent à mes objectifs de marque personnelle et à mes valeurs ?

8. Quels sont les avantages de collaborer avec d'autres professionnels ou marques dans mon domaine, et comment puis-je évaluer le potentiel de ces collaborations ?

9. Quels sont les défis ou les obstacles potentiels que je pourrais rencontrer lors de collaborations, et comment puis-je les anticiper et les surmonter ?

10. Comment puis-je mesurer l'impact de mes activités de réseautage et de collaboration sur ma marque personnelle et sur mes objectifs professionnels ?

"Votre réputation est plus importante que votre salaire et votre intégrité vaut plus que votre carrière."
Ryan Freitas

CHAPITRE 6 : GÉRER LA RÉPUTATION EN LIGNE

"Il faut 20 ans pour se construire une réputation et 5 minutes pour la détruire. Si vous gardez cela en tête, vous ferez les choses différemment."

Warren Buffett

La gestion de votre réputation en ligne ! À l'ère numérique, votre réputation en ligne peut avoir un impact significatif sur votre image professionnelle et personnelle. Nous explorerons les stratégies et les meilleures pratiques pour surveiller et gérer les informations vous concernant en ligne, ainsi que pour répondre aux critiques et gérer les crises de réputation. En comprenant comment gérer efficacement votre réputation en ligne, vous pourrez protéger et renforcer votre marque personnelle dans un monde numérique en constante évolution.

- **Surveillance et gestion des informations vous concernant en ligne**

Nous examinerons l'importance de surveiller activement les informations vous concernant en ligne et les différentes méthodes pour le faire efficacement. Voici quelques stratégies clés :

→ **Outils de surveillance en ligne :** Nous vous avons présenté précédemment des outils et des services qui vous permettent de surveiller les mentions de votre nom, de votre entreprise ou de votre marque personnelle sur Internet. Ces outils peuvent vous alerter en temps réel lorsque de nouvelles informations vous concernant sont publiées en ligne.

→ **Révision de votre présence en ligne :** Prenez l'habitude de vérifier régulièrement vos profils en ligne, y compris sur les réseaux sociaux, les sites Web professionnels, les forums de discussion, les blogs, etc. Assurez-vous que les informations vous concernant sont exactes, à jour et reflètent votre image professionnelle et personnelle de manière précise.

→ **Gestion des paramètres de confidentialité :** Prenez le temps de passer en revue et de gérer les paramètres de confidentialité sur les réseaux sociaux et d'autres plateformes en ligne. Configurez-les de manière à contrôler qui peut voir quelles informations vous concernant, et veillez à ce que vos données personnelles soient protégées autant que possible.

→ **Répondre aux commentaires et aux critiques :** Soyez proactif dans la gestion des commentaires, des critiques et des questions en ligne. Répondez de manière appropriée et professionnelle aux commentaires positifs, aux critiques constructives et aux préoccupations des clients. Montrez que vous prenez au sérieux les retours d'information et que vous êtes prêt à résoudre les problèmes de manière proactive.

- **Répondre aux critiques et gérer les crises de réputation**

Dans cette section, nous aborderons

l'importance de répondre de manière appropriée aux critiques en ligne et la gestion des crises de réputation. Voici quelques conseils pour vous aider à naviguer dans ces situations :

→ **Évaluation des critiques :** Prenez le temps d'examiner attentivement les critiques en ligne. Distinguez entre les critiques légitimes basées sur des faits et celles qui sont le résultat de malentendus ou de perceptions erronées. Une évaluation objective vous permettra de répondre de manière appropriée.

Imaginons que vous êtes un propriétaire de restaurant et qu'un client mécontent a laissé un avis négatif sur votre page Google. Avant de répondre, prenez le temps d'examiner attentivement l'avis. Si la critique est fondée sur des faits, comme un service lent ou un plat de qualité médiocre, envisagez de reconnaître ces problèmes et de proposer des solutions pour les corriger.

→ **Répondre avec empathie et professionnalisme :** Lorsque vous répondez aux critiques, faites preuve d'empathie envers la personne concernée. Reconnaître ses préoccupations de manière professionnelle et proposer des solutions constructives peut transformer une critique négative en une opportunité de renforcer la confiance et la réputation.

Dans votre réponse à l'avis négatif, faites preuve d'empathie envers le client mécontent. Par exemple, vous pourriez commencer par exprimer vos regrets pour son expérience insatisfaisante et lui assurer que vous prenez ses commentaires au sérieux. Ensuite, proposez des actions concrètes pour résoudre le problème, comme offrir un remboursement ou une réduction sur sa prochaine visite.

Quelques exemples de réponses que vous pourriez utiliser pour répondre aux critiques en ligne :

Pour une critique sur un service lent dans un restaurant :
"Nous sommes désolés d'apprendre que vous avez trouvé notre service lent lors de votre visite. Nous nous efforçons toujours de fournir un service rapide et efficace à nos clients. Nous prendrons des mesures pour améliorer nos processus et nous espérons avoir l'opportunité

de vous offrir une expérience meilleure lors de votre prochaine visite."

Pour une critique sur un plat de qualité médiocre :
"Nous sommes déçus d'apprendre que vous n'avez pas apprécié la qualité de notre plat lors de votre récente visite. La satisfaction de nos clients est notre priorité absolue, et nous prenons vos commentaires très au sérieux. Nous examinerons cette question avec notre équipe de cuisine et nous ferons tout notre possible pour améliorer la qualité de nos plats."

Pour une rumeur sur des pratiques commerciales douteuses :
"Nous tenons à clarifier certaines rumeurs qui circulent actuellement en ligne concernant notre entreprise. Nous tenons à vous assurer que nous respectons les normes les plus élevées en matière de pratiques commerciales éthiques et légales. Nous sommes disponibles pour répondre à toutes vos questions et nous vous remercions pour votre soutien continu."

En adaptant vos réponses en fonction de la situation spécifique et en exprimant sincèrement votre engagement envers la satisfaction de votre cible, vous pouvez contribuer à atténuer les effets négatifs des critiques en ligne et à renforcer votre réputation en ligne.

En cas de crise de réputation liée directement à votre personne, il est essentiel de gérer la situation de manière professionnelle et réfléchie. Voici quelques exemples de crises potentielles et de réponses appropriées :

Accusations de comportement inapproprié :
Situation : Vous êtes accusé de comportement inapproprié dans un environnement professionnel ou social.

Réponse : "Je prends ces allégations très au

sérieux et je tiens à clarifier que je respecte toujours les normes professionnelles les plus strictes. Je coopérerai pleinement à toute enquête en cours et je suis ouvert à une discussion constructive pour résoudre ce malentendu."

Diffusion de fausses informations :

Situation : Des informations fausses ou diffamatoires sur vous circulent en ligne.

Réponse : "Je tiens à clarifier qu'il y a des informations incorrectes qui circulent en ligne à mon sujet. Je vous assure que ces allégations sont fausses et sans fondement. Je prends des mesures pour rectifier ces informations et je reste engagé à maintenir une réputation transparente et authentique."

Réactions négatives à une prise de position :

Situation : Vous avez pris une position publique sur une question controversée et vous faites face à des réactions négatives.

Réponse : "Je comprends que ma prise de position puisse susciter des réactions divergentes. Je tiens à souligner que je respecte toutes les opinions et je suis ouvert au dialogue constructif. Mon intention était de partager mes convictions personnelles, mais je suis également disposé à écouter et à apprendre d' autres perspectives."

Révélation d'erreurs passées :
Situation : Des erreurs ou des incidents de votre passé sont révélés publiquement.

Réponse : "Je reconnais mes erreurs passées et je m'excuse sincèrement pour tout préjudice que j'ai pu causer. J'ai appris de ces expériences et j'ai pris des mesures pour rectifier mes actions et grandir en tant que personne. Je suis déterminé à utiliser ces leçons pour façonner un avenir meilleur."

En répondant de manière calme, professionnelle et transparente à ces crises potentielles, vous pouvez atténuer les dommages à votre réputation en ligne et démontrer votre capacité à gérer efficacement les situations difficiles.

→ **Gérer les crises de réputation :** En cas de crise de réputation, adoptez une approche calme et stratégique. Élaborez un plan d'action pour répondre rapidement et efficacement à la situation. Assurez-vous de rester transparent et ouvert à la communication tout au long du processus.

→ **Restaurer la confiance :** Après une crise, concentrez-vous sur la reconstruction de la confiance. Fournissez des excuses sincères si nécessaire, rectifiez les erreurs et prenez des mesures pour éviter que des situations similaires ne se reproduisent à l'avenir. Montrez que vous êtes engagé à améliorer et à maintenir une réputation positive en ligne.

Bonus : 10 questions pour vous accompagner la réalisation des exercices de ce chapitre :

1. Quels sont les principaux éléments de mon empreinte numérique actuelle, et comment puis-je les évaluer pour identifier les points forts et les points faibles ?

2. Quels sont les outils ou les plateformes disponibles pour surveiller les informations me concernant en ligne, et comment puis-je les utiliser efficacement ?

3. Quels sont les risques potentiels pour ma réputation en ligne, et comment puis-je les minimiser en adoptant une approche proactive ?

4. Quels sont les éléments clés d'une stratégie de gestion de la réputation en ligne efficace, et comment puis-je les mettre en œuvre dans ma propre vie professionnelle ?

5. Comment puis-je réagir de manière appropriée aux commentaires négatifs ou aux critiques sur les médias sociaux ou les plateformes de notation en ligne ?

6. Quels sont les avantages de répondre de manière transparente et constructive aux critiques, et comment puis-je le faire tout en préservant ma réputation ?

7. Comment puis-je utiliser les témoignages ou les avis positifs de clients ou de collègues pour renforcer ma réputation en ligne ?

8. Quels sont les signaux ou les indicateurs à surveiller pour détecter les problèmes potentiels de réputation en ligne, et comment puis-je réagir rapidement en cas de besoin ?

9. Quelles sont les meilleures pratiques pour maintenir une réputation en ligne positive et crédible à long terme, et comment puis-je les intégrer dans ma routine quotidienne ?

10. Comment puis-je utiliser ma réputation en ligne comme un atout pour renforcer ma marque personnelle et atteindre mes objectifs professionnels ?

"Vos clients ne choisissent pas votre marque en fonction de ce que vous faites, mais de la raison pour laquelle vous le faites."
Simon Sinek

CHAPITRE BONUS : RÉFLEXIONS SUR LE PERSONAL BRANDING

"Votre authenticité est votre force la plus grande et la plus puissante."
Sara Blakely

Ce chapitre bonus vous offre une opportunité unique d'approfondir vos connaissances sur le personal branding en répondant à quelques questions essentielles. Explorez ces questions pour obtenir des informations précieuses et des conseils pratiques :

1. Démystification du Personal Branding : Des statistiques clés sur son impact.
2. En Pratique : Exemples réels d'améliorations grâce au personal branding.
3. Éviter les Pièges : Les erreurs courantes à

surveiller et à éviter.
4. Apprendre des Erreurs : Cas concrets où le personal branding a mal tourné.
5. Professionnels en Action : Avantages de recourir à un expert en personal branding.

Ce chapitre fournit des réponses éclairées à vos questions les plus pressantes sur le personal branding, vous donnant les connaissances et les outils nécessaires pour développer une marque personnelle forte et durable.

☐ Démystification du Personal Branding : Des statistiques clés sur son impact.

Le personal branding est bien plus qu'une simple tendance ; c'est devenu une nécessité dans le monde moderne, où les individus doivent se démarquer dans un océan de compétition. Voici quelques statistiques clés qui mettent en lumière l'impact considérable du personal branding :

- Les messages de marque partagés par les employés sur les réseaux sociaux ont une portée **561 % plus grande** que ceux partagés par les canaux de médias sociaux de la marque.

- Les leads générés via les activités des employés sur les réseaux sociaux se convertissent **7 fois plus** que les autres leads.

- Les représentants commerciaux qui utilisent les réseaux sociaux dans leurs techniques de vente vendent **78 % de plus** que leurs pairs.

- **92 %** des personnes font confiance aux recommandations d'individus, même s'ils ne les connaissent pas, plutôt qu'aux marques.

Ces données soulignent non seulement l'impact du personal branding sur la visibilité et la crédibilité des individus, mais aussi son influence sur la génération de leads, les ventes et la confiance des consommateurs.

☐ En Pratique : Exemples réels d'améliorations grâce au personal branding.

Une marque personnelle forte peut ouvrir des portes, créer des opportunités et améliorer la visibilité et la réputation d'un individu ou d'une entreprise !

1. Elon Musk : Sa présence active sur les réseaux sociaux et son implication personnelle dans des projets variés comme Tesla et SpaceX ont renforcé son image de visionnaire et d'innovateur, attirant l'attention sur ses entreprises et inspirant des millions de personnes.

2. Michel-Édouard Leclerc : En France, il est connu pour son approche pédagogique et sa capacité à communiquer directement avec les consommateurs, ce qui a contribué à humaniser la marque Leclerc et à renforcer sa présence sur le marché.

3. Mark Zuckerberg : Bien que plus discret, son personal branding est associé à la discrétion et à l'innovation, ce qui a aidé à maintenir la confiance des utilisateurs et des investisseurs

dans Facebook malgré divers défis.

4. Bill Gates : Reconnu non seulement comme un pionnier de la technologie, mais aussi comme un philanthrope, son personal branding a aidé à promouvoir ses initiatives caritatives et à influencer positivement la perception publique.

5. Steve Jobs : Son personal branding était synonyme d'innovation et d'authenticité, ce qui a joué un rôle clé dans le positionnement d'Apple comme une marque emblématique et a créé une base de clients fidèles et passionnés.

6. Tony Elumelu : Le magnat nigérian est devenu un exemple de réussite entrepreneuriale en Afrique. Son personal branding axé sur l'autonomisation économique et le développement durable a non seulement renforcé sa propre réputation, mais a également inspiré une nouvelle génération d'entrepreneurs africains.

7. Aliko Dangote : En tant qu'homme d'affaires le plus riche d'Afrique, son personal branding est étroitement lié à la croissance économique et au développement industriel du continent. Son engagement envers

l'investissement local et la création d'emplois a contribué à façonner son image comme un leader visionnaire et un philanthrope

☐ **Éviter les Pièges : Les erreurs courantes à surveiller et à éviter.**

En évitant ces erreurs, vous pouvez construire une marque personnelle forte et authentique qui vous aidera à atteindre vos objectifs

1. Manque de cohérence : Assurez-vous que votre image et votre message sont cohérents sur toutes les plateformes et dans toutes les communications, afin de renforcer la reconnaissance de votre marque personnelle.

2. Trop parler de soi : Évitez de tomber dans l'égocentrisme en ne mettant en avant que vos propres réalisations. Intégrez également les besoins et les intérêts de votre public dans votre communication.

3. Inactivité : Après avoir lancé votre marque personnelle, maintenez un niveau d'activité régulier pour rester engagé avec votre audience et maintenir leur intérêt.

4. Manque de clarté : Assurez-vous que votre message est clair et précis. Évitez de vous disperser et concentrez-vous sur ce qui rend votre marque unique et précieuse pour votre public cible.

5. Imitation : Inspirez-vous des autres, mais évitez de copier leur marque personnelle. Votre marque doit être authentique et refléter votre propre identité et vos valeurs uniques.

6. Oublier la portée du numérique : Rappelez-vous que tout ce que vous publiez en ligne peut être vu par un large public. Soyez conscient de l'image que vous projetez et de son impact potentiel sur votre réputation.

☐ Apprendre des Erreurs : Cas concrets où le personal branding a mal tourné.

Gérer soigneusement son personal branding et rester fidèle à ses valeurs et à son éthique professionnelle ! Il est essentiel de maintenir une image de marque personnelle qui soit à la fois authentique et professionnelle pour éviter certaines situations. Voici quelques exemples hypothétiques où le personal branding peut mal tourner :

1. Surpromesse et Sous-livraison : Un professionnel peut créer une marque personnelle qui promet plus qu'il ne peut offrir, ce qui peut entraîner une perte de confiance et de crédibilité auprès de son public.

2. Manque d'Authenticité : Si une personne adopte une image de marque qui ne reflète pas sa véritable personnalité ou ses valeurs, cela peut conduire à une dissonance et à la méfiance des clients ou des collègues.

3. Négligence de la Vie Privée : Partager trop

d'informations personnelles ou sensibles peut nuire à la réputation professionnelle et personnelle d'un individu.

4. Incohérence : Un manque de cohérence dans la communication et le comportement en ligne peut semer la confusion et diluer l'impact de la marque personnelle.

5. Réactions Impulsives : Des réponses impulsives ou controversées sur les réseaux sociaux peuvent entraîner des répercussions négatives immédiates et à long terme.

☐ **Professionnels en Action : Avantages de recourir à un expert en personal branding.**

Faire appel à un professionnel du personal branding pour la réparation d'image offre plusieurs avantages significatifs :

1. Maîtrise de votre image : Un expert peut vous aider à contrôler et façonner la perception publique de vous-même ou de votre entreprise.

2. Accroissement de la visibilité et notoriété : Les professionnels utilisent des stratégies éprouvées pour augmenter votre présence en ligne et hors ligne.

3. Création de confiance : Ils peuvent établir une image de marque qui inspire confiance auprès de votre public cible.

4. Renforcement de la crédibilité : En mettant en avant vos compétences et réalisations, un professionnel peut renforcer votre crédibilité dans votre domaine.

5. Gestion proactive de la réputation : Ils travaillent activement à améliorer et à maintenir votre réputation, surtout après des incidents qui pourraient l'avoir ternie.

6. Attraction de nouveaux prospects : Une bonne stratégie de personal branding peut vous aider à attirer de nouveaux clients et partenaires.

7. Élargissement de votre réseau : Les professionnels peuvent vous aider à établir de nouvelles connexions et à élargir votre réseau professionnel.

8. Obtention de nouvelles opportunités : Une image de marque forte peut ouvrir la porte à de nouvelles opportunités de carrière et de collaboration.

9. Distinction par rapport aux concurrents : Un professionnel du personal branding peut vous aider à vous démarquer dans un marché saturé.

En somme, un professionnel du personal branding peut fournir une expertise et des outils spécialisés pour réparer et améliorer votre image de marque de manière stratégique et ciblée.

"Il faut 20 ans pour se construire une réputation et 5 minutes pour la détruire. Si vous gardez cela en tête, vous ferez les choses différemment."

Warren Buffett

PRENEZ LES RÊNES DE VOTRE PRÉSENCE EN LIGNE

En parcourant ce livre, vous avez exploré les tenants et aboutissants du personal branding et découvert comment il peut transformer votre présence en ligne et hors ligne. Jetons un dernier regard sur les points clés que nous avons abordés :

Nous avons commencé par comprendre l'importance du personal branding dans le paysage moderne, où la perception personnelle est souvent façonnée par les recherches Google et les interactions en ligne. Ensuite, nous avons exploré l'histoire et la définition du personal branding, ainsi que sa distinction par rapport au branding d'entreprise.

Nous avons plongé dans l'empreinte numérique et examiné en détail comment elle peut influencer votre personal branding, ainsi que les stratégies pour gérer et améliorer votre présence en ligne. Vous avez appris à identifier votre niche, à développer un message unique et authentique, et à créer du contenu qui reflète votre marque personnelle.

Nous avons ensuite exploré les techniques de réseautage efficaces et les avantages de la collaboration avec d'autres professionnels pour étendre votre portée et renforcer votre personal branding.

La gestion de la réputation en ligne a été au cœur de notre attention, où vous avez appris à surveiller et à gérer les informations vous concernant en ligne, ainsi qu'à répondre aux critiques et à gérer les crises de réputation.

Nous avons également souligné l'importance de suivre les tendances et de rester pertinent dans votre domaine, tout en adaptant votre marque personnelle au fil du temps pour rester en phase avec votre évolution professionnelle et personnelle.

Enfin, dans notre foire aux questions, nous avons exploré des statistiques clés sur l'impact du personal branding, des exemples d'améliorations grâce à celui-ci, les erreurs courantes à éviter, les cas où le personal branding a mal tourné, les étapes pour réparer une image de marque endommagée, et les avantages de faire appel à un professionnel du personal branding.

Je vous encourage à prendre en main votre personal branding. Que vous soyez un professionnel cherchant à faire progresser votre carrière, un entrepreneur cherchant à développer votre entreprise, ou simplement quelqu'un désireux de façonner une image authentique et positive en ligne, le personal branding peut vous aider à atteindre vos objectifs. Prenez les connaissances que vous avez acquises dans ce livre et mettez-les en pratique pour briller dans l'ère numérique.

ANNEXE

Ressources Supplémentaires

- **Livres recommandés :**
  - "Personal Branding for Dummies" par Susan Chritton
  - "Crush It!: Why NOW Is the Time to Cash In on Your Passion" par Gary Vaynerchuk
  - "Reinventing You: Define Your Brand, Imagine Your Future" par Dorie Clark

- **Sites Web utiles :**
  - LinkedIn Learning pour des cours sur le personal branding
  - TED Talks pour des conférences

inspirantes sur le sujet
- Medium pour des articles d'opinion et des études de cas

Exercices Pratiques et Checklists

- **Exercice de réflexion sur la marque personnelle :**
    - Définissez vos valeurs fondamentales.
    - Identifiez vos compétences uniques.
    - Écrivez votre énoncé de mission personnel.

- **Checklist pour l'audit de présence en ligne :**
    - Vérifiez la cohérence de votre image sur tous les réseaux sociaux.
    - Assurez-vous que votre contenu en ligne est à jour.
    - Évaluez la qualité de vos interactions et de votre réseau.

Bibliographie

- Montoya, P. (2003). *The brand called you : The Ultimate Brand-building and Business Development Handbook to Transform Anyone Into an Indispensable Personal Brand.* Peter Montoya Incorporated.

- Arruda, W., & Dixson, K. (2010). *Career distinction : Stand Out by Building Your Brand.* John Wiley & Sons.

- Chritton, S. (2014). *Personal branding for dummies.* John Wiley & Sons.

- Arruda, W. (2019). *Digital you : Real Personal Branding in the Virtual Age.* Association for Talent Development.

- Andrews, S. (2014). *Career distinction : Stand Out by Building Your Brand.* CreateSpace.

- Haque, F. (2023). *Unleash your personal brand : Ignite Your Career, Inspire Your Audience, and Achieve Extraordinary Success.* Notion Press.

- Hall, J. (2017). *Top of Mind : Use Content to Unleash Your Influence and Engage Those Who Matter To You.* McGraw Hill Professional.

- Schawbel, D. (2016). *Me 2.0, Revised and Updated Edition : 4 Steps to Building Your Future.* Kaplan Publishing.

- Johnson, C. (2019). *Platform : The Art and Science of Personal Branding.*

Lorena Jones Books.

- McLuhan, M. (2016). *Understanding media : The Extensions of Man.* Createspace Independent Publishing Platform.

- Schmidt, E., & Rosenberg, J. (2014). *How Google Works.* Hachette UK.

- O'Hagan, S. R. (2017). *Extreme you : Step up. Stand out. Kick ass. Repeat.* Hachette UK.

- Kelly, K. (2009). *Out of control : The New Biology Of Machines, Social Systems, And The Economic World.* Hachette UK.

- Bernays, E. L. (2005). *Propaganda.* Ig

- Publishing.Speak, K. D., & Mcnally, D. (2011). *Be your own brand : Achieve More of What You Want by Being More of Who You Are.* ReadHowYouWant.com.

- Kane, B. (2020). *Hook point : How to Stand Out in a 3-Second World.* Waterside Productions.

- Kang, K. (2013). *BrandingPays : The Five-Step System to Reinvent Your Personal Brand.* Branding Pays Media.

- Clark, D. (2017). *Reinventing You, With a New Preface : Define Your Brand, Imagine Your Future.* Harvard Business Press.

- Clark, D. (2015). *Stand out : How to Find Your Breakthrough Idea and Build a Following Around It.* Penguin UK.

- Mashman, I. (2021). *Personal Branding : A Manifesto on Fame and Influence.* Mashman Ventures LLC.

- O'Brien, T. (2007). *The Power of Personal Branding : Creating Celebrity Status with Your Target Audience.* Mendham Publishing.

À PROPOS DE L'AUTEUR

Ornella Tchuente est une entrepreneure passionnée, spécialisée en Personal Branding et en stratégie de communication digitale. Diplômée en Business Administration de l'Université Internationale de Business et d'Économie de Pékin (UIBE), elle a affiné ses compétences en Communication Stratégique et Digitale lors de sa formation à Paris.

En 2020, Ornella a fondé Goddess Agency, une agence dédiée au Personal Branding, qui a rapidement connu un succès croissant. Soucieuse de répondre aux besoins changeants de ses clients et de s'adapter à l'évolution du marché, elle a créé la branche NEMA au sein de l'agence, spécialisée dans les projets digitaux et le marketing numérique.

Avec NEMA, Goddess Agency offre une gamme complète de services, allant du community management au webdesign, pour aider les entreprises à prospérer en ligne. Passionnée par l'autonomisation des individus dans le monde numérique en constante évolution, Ornella continue de mettre ses compétences au service de ses clients et de la communauté.

En parallèle, elle s'investit dans des projets associatifs visant à soutenir et inspirer les femmes et les mamans à s'épanouir dans leur vie personnelle et professionnelle.

"Le personal branding est souvent associé à une génération plus jeune, née et élevée à l'ère numérique. Cependant, il est crucial de reconnaître la valeur et la richesse des expériences des générations précédentes, en particulier de nos aînés qui ont forgé des parcours exceptionnels bien avant l'avènement du digital.

Leurs histoires, leurs succès et même leurs échecs représentent un trésor d'enseignements et d'inspiration pour ceux qui aspirent à suivre leurs pas. Pourtant, ces parcours demeurent souvent méconnus du grand public.

Nous avons tant à gagner en écoutant, en apprenant et en partageant avec ces individus remarquables. Le personal branding devient alors un moyen non seulement de promouvoir notre propre image, mais aussi de transmettre, d'éduquer et de partager l'héritage précieux construit tout au long de leur vie.

C'est un acte d'échange intergénérationnel, où la sagesse et l'expérience rencontrent l'aspiration et l'innovation.

Aujourd'hui, plus que jamais, cette connexion entre les générations est un élément incontournable et extrêmement précieux dans notre société en constante évolution."

Ornella TCHUENTE

www.ingramcontent.com/pod-product-compliance
Lightning Source LLC
Chambersburg PA
CBHW070152230526
45471CB00002B/625